तनु

कविताकोश

हितेश कुमार गर्ग

pencil

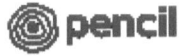

ISBN 978-93-5458-739-9

© Hitesh Kumar Garg 2021

Published in India 2021 by Pencil

A brand of
One Point Six Technologies Pvt. Ltd.
123, Building J2, Shram Seva Premises,
Wadala Truck Terminal, Wadala (E)
Mumbai 400037, Maharashtra, INDIA
E connect@thepencilapp.com
W www.thepencilapp.com

2

Author biography

यह पुस्तक मेरी प्रथम रचना है जो कि मेरे द्वारा रचित कविताओं का एक संग्रह है जिसमें विविध प्रकार की कविताओं का समावेश है। मैं पेशे से लेखक, कवि नहीं हूँ अतः त्रुटियाँ संभव है। यह पूर्णतः मेरे द्वारा लिखी गई है। मुझे हिन्दी साहित्य के रचना नियमों की पूर्णतः जानकारी नहीं है इसलिये कुछ योजनाएं अव्यवस्थित हो सकती है। मैं किसी 'वाद' का पक्षधर नहीं हूँ अतः यह पुस्तक वादमुक्त एवं मुक्त छन्द में बध्द है। यद्यपि मैंने कला पक्ष पर अधिक ध्यान न दिया परंतु भाव पक्ष को ग्रहण योग्य बनाया है। मैंने इस रचना का अधिकांशतः भाग अपने जीवन से लिया है और मैंने अपने निजी विचारों को इसमें स्थान दिया है अतः पाठक और मेरे मध्य विचारों का भेद दिखना स्वभाविक है। इस पुस्तक के कुछ भागों में नियमों का अक्षरशः पालन नहीं किया गया है इसलिए एक बार फिर मैं अपनी त्रुटियों के प्रति क्षमाप्रार्थी हूँ।

मैं इस पुस्तक के पाठकों के प्रति आभार व्यक्त करता हूँ।

-हितेश कुमार गर्ग

CONTENTS

1.क्रांति-वंदन

अभिवादन हो।
ईश्वरीय प्रेम की एक झलक,
मैं अचरज में ठहरा।
काला हुआ संसार,
चारों ओर अंधेरा।

पावस!
अभिवादन हो।
काली घटा चमन में,
सर्वत्र वीरान सा।
एक तरंग हृदय में कौंधी,
वह ध्वनि किसकी थी।

पावस!

अभिवादन हो।

टूट पडा एक संदेश,

जलद का भूलोक पर।

तृप्त हुई धरती अंगार सी,

बुझी प्यास मानो शोणित तलवार की।

पावस!

अभिवादन हो।

प्रफुल्लित हुऐ वे नैन,

जो सूख चुके थे वीरान से।

सतरंगी एक सरिता दिखी अनन्त में,

दुःखी क्षुधा की भूख,

मिट गई क्रांति बाण से।

2.मैं मूक नहीं

इन विचारो की उधेडबुन में,
ढूँढ कहाँ से लाऊँ दो शब्द,
परन्तु ये अहं नहीं ।
मैं मौन,पर मूक नहीं ।

देखा है मौन समुद्र में,
लहरो को उमडते-उतरते,
परन्तु ये विनाशक नहीं ।
मैं मौन,पर मूक नहीं ।

देखा है स्थिर भूधर को,
कंपन के आक्रोश से कांपते,
परन्तु ये भीषण नहीं।
मैं मौन,पर मूक नहीं ।

देखा है तपते लौह को,

अग्नि के आवेग से,

परन्तु ये पश्चाताप नहीं।

मैं मौन,पर मूक नहीं।

देखा है उन विचारों को,

जो दबते हैं शब्दों के अभाव से,

परन्तु मैं मूक नहीं।

परन्तु मैं मूक नहीं।

4.अबोध

मैंने देखा था उसको,

चतुरता की मूरत था वह।

पास के लोगों को,

बातें बड़ी बताता था।

अपनी जिद का स्वामी था।

एक दिन,

याद किया उसने,

बनाया उसे था जिसने।

लाखों बातें हुई मगर,

वह तो बातों को रौंद रहा।

काँटे-सी देह,

भ्रमित-सा मानस,

थर-थर हृदय,

पर,

आज भी वह,

अपनों को अपना समझता रहा।

5.अकेला चना

वह चना,
अकेला ही भाड़ फोड़ता है।
बाहुबल से नहीं,
चिन्ताओं से राहें मोड़ता है।
हाथ जले-काले,
पर,
सुन्दरता अभी बाकी है।
एक वक्त हँसी से पेट भरता,
एक जून रोटी पाता है।
फिर भी नहीं ड़रता,
बड़ा ही निष्ठुर प्राणी है।
कहते है लोग,
शिद्दत से चाहो तो कयामत भी आती है।
पर न जाने उसकी शिद्दतों में क्या खोट है।

ऐसी कयामतें तो उसके घर रोज आती है।

सारी दुआएं धूमिल हो जाती है।

फिर भी,

वह चना अकेला ही भाड़ फोड़ता है।

6.मेरी रजा

तारीफ नापसन्द हूँ।
मुझे शिकायतें ही
हिदायत लगती हैं।
अगर देनी हो तो
शिकायतें देना।
तमाम तारीफ खुदा के लिए रखना।
अब मसले का क्या करोगे?
सिर्फ गुरूर जगा देती हैं।
और वे
मौका-ए-दुरुस्ती।

7.अश्क-ए-माफी

अब इंसान नहीं. जानता 'अश्कों' की कीमत,

जरा गौर से पूछना ऐ मुसाफिर।

सिर्फ पत्थर ही बता देगा।

रहमत-ए-खुदा थी,

जिसने निशां-ए-अश्क नहीं बनाये।

वरना राज बेनकाब हो जाते।

मामला ड़र का नहीं।

माफी-ए-कसूर का है।

8.नजरों के नजारे

पहली नजरें,
नजरों में नजारें,
हृदय को बेध गये।
खोया रहा उन्हीं में,
महीनों तक।
हर दफा,
डूबा रहता उनमें।
रोज नजरें झुकती,
कहने में असमर्थ।
धीरे-धीरे तन्द्रा टूटी,
जगा और,
फिर अपने ही गले लग गया।
मगर,
एक अवशेष जरूर रह गया।

9.भूल

मैं अपनी धुन में,

धुँधली राहों पर,

चलता जा रहा था।

राह में एक सज्जन मिले।

बोले- एक बात देता हूँ।

मैं थोड़ा जल्दी में था,

फट् से जेब में ड़ालकर बढ़ गया।

घर जाकर याद न रहा।

जल्दी की वजह से ताक पे रख दी।

वर्ष गुजरे,

महीने गुजरे,

दिवस गुजरे।

मैं तो अपने में मशगूल था।

एक दिन सफाई के दौरान,

उस बात को देखा।

पर,

अब तो देर हो चुकी थी।

10.सूत्र के साये में

सावन की बौछारों के मध्य,
एक ध्वनि परिचित सी,
धीरे-धीरे बढ रही।
एक सूकून हृदय की दीवारों को बेधता,
मस्तिष्क में पहुँचा,
बोला-पहचान तो कर।
काफी इंतजार से थका था,
एक संतुष्टी जगी उसे प्रकट देखकर।
वह तो प्यारी बहना थी।
प्रीत की रीत से पूरित वह दिन आया है,
ईर्ष्या द्वेष का मनोविकार छोड मेरे दर पे आया है।
सावन भी आतुर है,
एक झलक के कारण से।
वह भी उमड-घुमड कर संदेश एक लाया है।

धागा नही,वह सूत्र है,जिसमे छल नहीं।

साक्षी है ईश मेरा, रक्षा करूं,रक्षा रहे।

जरूरत नहीं किसी चीज की,पा लिया संसार को।

शायद वह भी पूर्ण,मैं भी परिपूर्ण हूँ।

बेटी वह फूल है जो हर बाग में खिलता नही।

कोशिश करो कितनी ही भाग्यविहीनों को मिलता नही।

वह तो सुरमे की तरह शुध्द है,

उसे पलकों पर विराजित करो।

बुराई के हर पशु को मानवता की अच्छाई से पराजित करो।

साल बीते,मास बीते,बीते दिन हजार।

ढूँढती माँ रह गई जहान में,

मिला न पुत्र का प्यार।

अब वही अबला पुत्री,

दे गई प्रेम सहस्रों बार।

बस अब न कहूँगा,

मेरे शब्द मौन हुऐ।

11.निष्ठुर हो चुका हूँ

कहाँ तक छुपाऊँ अभिलाषाऐं,
अब गुबार उठ़ रहा है।
ढ़ीठ़ हो चुके अब अश्रु,
गिरने से कतराते हैं।
बहुत खताऐं हुई मगर,
अब की खता माफ कर खुदा।
सवालात ये है कि
इस सजा की रजा क्या है।
अब इसमें रजा क्या होगी,
मैं खुद हठ़ी हूँ।
इसी तरह अभिलाषाओं को दबाते-दबाते,
निष्ठुर बन चुका हूँ।

12.दस्तक जारी है

रख पोटली में जमाने की यादें,
चल पड़ा अनजान राहों पर।
कुछ वीरान, कुछ श्मशान।
एक राह पर पता चला,
इंसान मात्र राख की ढ़ेरी।
एक ठ़ोकर बता गई,
अहं मात्र अहं ही।
दरवाजे की दस्तकों की आदत हो चुकी,
अब फिर भी एक कश्मकश बाकी है।

13.अलविदा

औरों की कैसे कह दूँ,
जब अपनों ने ही भुला दिया।
बात बड़ी न थी,गुस्ताखी थी।
तुमने उस गुस्ताखी का भारी बदला ले लिया।
खाली-खाली से लगते हो,
खाली रहने में क्या रखा है,
अक्सर खाली भवनों को जर्जर होते देखा है।
वक्त बहुत बीत गया है,
अब जा रहा हूँ मैं,
जहाँ राहें सुनसान हैं।
शायद प्रसन्न रहोगे तुम,
ये मेरा अनुमान है।
अब जाओं तुम भी अपनी राहों पर।
बस,
अलविदा देते जाओ,

तनु

अलविदा लेते जाओ।

14.परख-पत्र

बढ़ रहा था पथ पर मैं,

बड़ी गर्मजोशी थी हृदय में।

अपनी दृष्टि में बहुत था मैं,

चलते-चलते अचानक ठ़ोकर अति भारी लगी।

ऐसा लुढ़का-गिरा-उछला,

फिर संभल न पाया।

शरीर का तो कुछ न बिगड़ा,

बड़प्पन मेरा तार-तार हुआ।

जिस हृदय पर अहं था मेरा,

टुकड़े उसके सौ बार हुए।

जैसे-तैसे उठ़-खड़ा हुआ,

बड़ी देर लगी खड़े होने में।

जैसे ही खड़ा हुआ,

पैर ने बड़ा जबाब दिया,

फिर, गिरने को हुआ और गिर गया।

एक बार और प्रयास किया,

उठ़ खड़ा हुआ अबकी बार,

दूसरे पैर ने संभाल लिया।

फिर,

बढ़ चला अपने पथ पर,

मिथ्या-द्वन्द्व यहीं छोड़कर।

15.जब दिन ढ़लेंगे

आज फिर शाम हो गई है।

मन में उदासी-सी है।

हृदय द्रवित-सा है।

विचार शून्य में।

विचार भी उपजेंगे,

जब दिन ढ़लेंगे।

आज तो है,कल न होगा।

व्यर्थ श्रेष्ठ़ता का दिखावा है।

लगता है सबकुछ है।

अहं मन में बैठ़ा है।

अहं भी उतरेगा,

जब दिन ढ़लेंगे।

जय भी हार मान चुकी।

यत्नों का मोल नहीं।

कोशिशें भी झूठी हैं।

यही धारणा पैठ कर रही।

हार भी हार मानेगी,

जब दिन ढ़लेंगे।

स्वप्नों की जगह अब आँसू हैं।

निद्रा की गोद में अब उदासी है।

गंभीर होने लगे अब।

मुस्कान जाने कहाँ की निवासी है?

आँसू भी रुकेंगे,

जब दिन ढ़लेंगे।

16.भावों के हिलोरे

सिखा रहा था जिन बातों को जमाने को,
उन बातों को मैं ही भूल गया।
गलती मेरी इतनी-सी थी कि
मैं ख्वाबो में डूब गया।
क्या बात कहूँ जमाने की,
जमाना भी अब आँख दिखाने लगा है।
चाहे कुछ भी हो,
एक दिन जमाने को छोड़ जाना है।
जरूरत नहीं मुझे किसी चीज की,
चाहे मिले,चाहे न मिले अगर।
ओझल हो जाऊँगा तुम्हारी आँखों से,
रह जाएगी बस एक याद मगर।
अक्सर कहता रहता हूँ अपने आप से,
क्या खोयेगा ?क्या पायेगा ?

तू भी चल साथ मेरे,
मैं तो क्या,
मेरा नाम भी न रह जायेगा।
हो गयी है भूल मुझसे,
मैं अपनी गलती मानता हूँ।
वैद्य नहीं इस जहान में इस पीर का,
इतना तो जानता-पहचानता हूँ।
लाखों दुआएं थी मेरे कोष में,
पर,आज वे भी मौन हैं।
रब भी भूल गया है,
पूछता है- 'तू कौन है?'
हार चुका हूँ शायद अब मैं,
जीतने की उम्मीद नहीं।
पर,देखता हूँ एक बार फिर,
एक कोशिश में तो हर्ज नहीं।

17.जमाने तेरा ज़बाब नहीं

राहें आसान थी,

मगर जमाना खराब था।

खराब था कुछ ऐसा,

हर कोई नबाब था।

नबाब था वह अगर,

मगर उसकी नबाबी में ख्वाब न था।

ख्वाब तो उसके नयनों में था,

मगर दिखलाने में साहस न था।

साहस न था अगर,

मगर उस सर्वज्ञ पर विश्वास तो था।

विश्वास तो था उसी पर,

मगर उसके पास हृदय न था।

हृदय न था बताने को अगर,

मगर जताने को एक विचार तो था।

विचार तो था मस्तिष्क में,

मगर सुप्त पड़ा किसी कोने में था।

कोने में था वह अगर,

मगर उजाले को दीप न था।

दीप न था प्रकाश को अगर,

मगर रक्त में तेरे पुंज तो था।

पुंज तो था रक्त में अगर,

मगर जमाना भी लाजवाब था।

18.मित्रकथा

अक्सर बढ़ चलता हूँ उस मार्ग पर,
जहाँ चेहरे खिल जाते।
चेहरे खिल जाते कुछ लफ्जों से,
जब दो बिछड़े मिल जाते।
बिछड़े मिल जाते नसीबों से,
देख विपक्षी भी भाग जाते।
भाग जाते विपक्षी इस खेल से,
जब दो मिल एक हो जाते।
एक हो जाते दो दीप से,
उजाला सर्वत्र फैलाते।
सर्वत्र फैलाते मजाक को,
शत्रुओं के मुख भी खिल जाते।
खिल जाते जैसे पंकज से,
अपनी सुगंध चहुँओर फैलाते।

चहुँओर फैलाते अफवाह से,
संसार में वे मित्र कहलाते।

19.अमूल्य-अवशेष

जमाना जल गया है अग्नि में,
अब सिर्फ राख बची है।
राख बची है एक मुट्ठीभर,
उसने भी नव कविता रची है।
कविता रची है अगर हृदय में,
उसे जानकर हलचल मची है।
हलचल मची है किस मन में,
उसकी वह पंक्ति सर्वज्ञाता को जँची है।
जँची है अगर तो रखना नजर में,
उस राख में कुछ यादें बची हैं।

20.अश्कों की कीमत

अब ये आलम होने लगा है।
दिन हँसता है और
रात रोने लगी है।
वक्त निगलने लगा है
और मैं घटने लगा हूँ।
मुझे बनाने वाला अब
मुझे भुलाने लगा है।
मैं गर्त में पड़ा हूँ और
वह हाथ खड़े करने लगा है।
वह तो सो गया गया है और
मैं लड़खड़ाने लगा हूँ।
बस,वह मुझे भुलाने लगा है
और मैं नाराज होने लगा हूँ।
मेरे अश्कों की अब मैं

कीमत लगाने लगा हूँ।

21.हवा की गति

वह हवा,
कानों को छूकर गुजर गई।
कुछ सुना,
कुछ अनसुना,
जाने क्या कह गई?
राह में वह,
विस्तार में वह,
जो भी मिला समेटती गई,
और वह हवा चक्रवात बन गई।
आगे चलती-बढ़ती रुकी तब,
उसे पता चला,
वह सबकुछ तबाह कर गई।

22.शायद मेरी ही कमी थी

मन में सपने,
पैठ़ कर रहे,
जाने का नाम नहीं लेते।
पूरे करने की होड़ में,
मुझे आराम नहीं देते।

कोशिश थी पूरी,
आत्मविश्वास भी था,
मंजिल पाने की जिज्ञासा रमी थी,
फिर भी असफलता मिली थी।
मैंने दोष दिया विधाता को,
अब आँखों में नमी थी,
शायद मेरी ही कमी थी।

23.एक भ्रम

असफलता....,

सोचता था गिरा देती है,

मगर,

गिराती नहीं,

भविष्य का पुल बनाती है।

बार-बार आती है,

कभी सौ बार आती है।

बार-बार आकर,

गलतियां बताती है।

परछाई के साथ,

रास्ता बताती है।

जब गलतियां ओझल हुई,

वे सफलता बन जाती है।

24.सच्चा खेल

तुम क्या मृत्यु से जीतोगे,
देखता हूँ अबोध बालकों को,
रोज जीवन-मृत्यु का खेल खेलते।
मगर,
इसी खेल में अक्सर,
बड़े हार जाते हैं।
मौत भी साथ चलती है,
जरा-सी चूक हुई,
वह प्रकट हो जाती है।
धीरे-से कान में कहकर,
अपने साथ ले जाती है।

25.परछाई

वह परछाई जाने किसकी थी?

थोड़ा-सा उजाला हुआ,

तब परछाई जन्मी।

उसकी जिद,

अनन्त तक पहुँचने की थी।

साथ तो चलती रही पर,

दरिया पार कराने की शक्ति,

उसमें नहीं थी।

कुछ करती भी शायद,

मगर,

तब तक अंधेरे ने सबकुछ,

ओझल कर दिया।

तनु

वह जाने कहाँ गायब हो गई।

26.दास्तान देश की

तूफां में घौंसला,

टूटने लगा था।

वह सोने की चिड़िया,

रोने लगी थी।

अब रस्सी,

क्षीण पड़ने लगी थी।

अचानक ऐसा हिलोर आया।

सबकुछ पलट गया।

रस्सी प्रबल हो गयी।

घौंसला बच गया।

तूफां धूमिल हुआ।

मगर,

वह सोने की चिड़िया उड़ गई

27.आज की कथा

कहते हैं,

समय के साथ बदलना जरूरी है।

पर, इतना भी न बदलो,

जो अपने-आप को भूल बैठों।

आधुनिकता के हेर-फेर में,

औकात भूल बैठै हैं।

क्या सोने की चिड़िया अब मिट्टी हो चुकी?

फटे-अम्बर को सभ्यता मान बैठे हैं।

तुमने भी चलना सीखा है अंगुली पकड़कर,

बड़ों को सूक्ष्म समझ बैठे।

जेब में हथियार, मन में अहंकार,

अपने मन में ही जीत बैठे हैं।

अरे सुनो,

उसे रावण भी न जीत सका,

तनु

फिर,
तुम हो ही क्या?

28.आँखों के अंधे और बालमन

भोज बड़ा सुन्दर था।
चारों तरफ हलचल,
पर,
वह बालक अभी बैठा है।
शान्त,
पसीना चेहरे पर झलक रहा,
स्वयं की निन्दा देखी न जाए,
व्याकुल बार-बार,
वह बालक अभी बैठा है।
खाली,
भरी थी दूसरों की थालियाँ,
कोई आता, कोई जाता,
उसे कोई न देखता,
किसी आस में,
वह बालक अभी बैठा है।

जब सत्कार नहीं करना था,

तो आमन्त्रण क्यों दिया?

ली किसी ने सुध उसकी,

लेकर चला गया,

वापस न आया,

बालमन की पुकार,

वह बालक अभी बैठा है।

उसे भूख थी या नहीं,

ये मैं न जानता,

पर हुई उसकी अनदेखी,

यह अवश्य जानता।

आई फिर उसकी सुध,

लाए कुछ आहार,

वह उबरा उस घड़ी से,

मन प्रसन्न एक बार।

लगा कौर मुँह में डालने,

उसके नन्हें-नन्हें हाथ,

वह बालक अब खा रहा है।

बस दो टुकड़े खाये उसने,

आमन्त्रण स्वीकार किया।

उदास मन उसका,

प्रफुल्लित हो गया,
खुशी-खुशी, सब भूलकर
वह बालक अब जा रहा है।

29.अब रक्तबीज बनो

निर्दोष

बिखरे पड़े हैं

समर भूमि पर,

रक्त भरा है

धरती के सीने में,

विशाल धरती के आँचल में

लाल पड़े हैं बेसुध,

वह भी रंगी है उनके लहू से।

भारतमाता रोती है,

तिरंगा गमगीन है।

निर्दयी

वज्रपात करके

छिपे हैं किसी कोने में,

क्या पस्त हुआ था उनका हौंसला

जो पीठ पर वार करते,

क्या हिम्मत नहीं थी,

जरा रण में मुकाबला करते।

रक्त की धार में

अश्रुधार मिल गई,

धो दिया खुशियों को।

बिलख कर गिर पड़े परिजन,

हृदय को नमन है,

वे बोझ सहते।

हे प्रहरी!

ऐसा रूप धरो,

देखते ही तुमको

शत्रु के आगे अंधेरा छा जाए,

असि की धार पर

गढ़ धराशायी हो जाए,

लहू के तुम प्यासे बनो,

दुश्मन के प्राण घट में अटक जाए।

तुम समर-भूमि पर जाओ,

दुश्मन का सिर चाहिए,

कहो,

और कितनी शान्ति चाहिए,

लहू बहा है,

आर्यावर्त की सरजमीं पर,

अब,

रक्त की हर एक बूंद से,

रक्तबीज जन्मना चाहिए।

30.ये कैसी प्रेमकथा

वो दिखा था मुझे भी,
मैं उसे पाना भी चाहता था।
अब न मिला, कोई गम नहीं,
कौनसा वो खजाना था।

वो रोया था उसे पाने के लिए,
वह हँसना भी चाहता था।
कहता था- बिन उसके मर जाऊँगा,
मौन-सा वो अब रवाना था।

वो चला गया उसके लिये,
वह घरवालों को भूल जाता था।
तेरे बिन माँ का कोई सहारा नहीं,

जरा वापस आकर देख,
वो पिता तेरा ही दिवाना था।

31.वक्त का आलम

मिट गया वो बीता हुआ कल,
अब अगले पल की बारी है।
जान छिड़कने की नौबत तब आती,
जब एक किरण नजर आती।
कहते हैं किस्मत और वक्त बदलता है
पर,
मैंने कभी बदलते न देखे।
अब मैं असंभव को संभव कैसे कर दूँ?
जब मुझे प्रारंभ का ज्ञान नहीं।
हाथों की लकीरें कुछ कहती थी
पर, वक्त का आलम ऐसा था कि
लकीरों ने भी राह बदल ली।

32.मनात्मा

मन भरा है अनन्त विचारों से,

उन्हें बयां कैसे कर दूँ?

जब मेरे पास कोई मायने नहीं।

चीत्कार उठा है ये मन,

विचारों के आँधी-तूफां औऱ थपेडों से।

इन्हें शान्त कैसे कर दूँ,

जब मेरे पास पैमाने नहीं।

ये वही मन है

जो कहता है-

तू वहाँ चला जा

जहाँ असीम सुख मिलेगा,

तेरी वासना पूरी होगी,

अहं तेरे पास चरम होगा।

और फिर,

वही आत्मा कहती है-

जब अहं चरम होगा
तब जीवन में कोई मर्म न होगा।

33. भूला-भटका

जीने की लालसा लेकर,

बैठा रहा हर दिन,

ना राह मिली,

ना किसी का साथ।

और जब मौत की लालसा हुई,

पड़ा रहा हर दिन,

और फिर वही,

ना शह मिली,

ना मात।

34.सहिष्णुता

एक दिन मैंने,
उस जर्जर मकान से पूछा-
क्यों रोते हो?
जबाब मिला-
ये आँसू नहीं,
वर्षों के बोझ का पसीना है।

35.मेरी मूर्खता

राह में चलते अचानक एक सिक्का मिला,
मैं उसे धन समझ बैठा।
बैठा विचार मन में ऐसा कि
मैं धनवान बन बैठा।
तभी तो मैं मूर्ख हूँ।
मेरी पंक्तियों में कमियां जरूर हैं।
मैं लोगों को समझाकर,
खुद को महाज्ञानी समझ बैठा।
मैं अधजल गगरी हूँ,
अपने अधूरे ज्ञान को,
लोगों के सामने छलका बैठा।
तभी तो मैं मूर्ख हूँ।
मुझे प्रारंभ का बोध नहीं
और अंत का ज्ञान लिए बैठा हूँ।
मैं अपना ध्यान किए बैठा हूँ।

मैं खुद का सम्मान किए बैठा हूँ।

तभी तो मैं मूर्ख हूँ।

मैंने देखा नहीं कभी वक्त बदलता

और मैं उसी वक्त की आस किये बैठा हूँ।

मन में हजारों सपने,

एक के चुनाव की दुविधा में,

अबतक हाथ पे हाथ धरे बैठा हूँ।

तभी तो मैं मूर्ख हूँ।

मैं मेरे लक्ष्यों को छोड़कर,

संसार की चकाचौंध में खोए बैठा हूँ।

मैं ऐंठा हूँ ऐसा कि

अपने आप को अद्वितीय मान बैठा हूँ।

तभी तो मैं मूर्ख हूँ।

मैं दुनिया से ड़र बैठा हूँ।

मैं जीवन से लड़ बैठा हूँ।

मैं बढ़ नहीं सकता क्योंकि

एक अदृश्य पक्षाघात लिये बैठा हूँ।

अब खाली बैठा हूँ,

किस्मत साथ जरूर देगी,

ऐसा भ्रम किए बैठा हूँ।

तभी तो मैं मूर्ख हूँ।

36.ताने का तराना

झुक कर कहता हूँ,
तेरे कदमों में ऐ खुदा,
अगर है गुरूर जरा-सा भी मुझमें,
तो दफ्न कर तेरे पैरों तले मेरी कब्र खोदकर।
अब मुझे बातें करनी ही नहीं आती,
तो मैं क्या करूँ।
छोटी-सी बातों को ले लेता हूँ दिल पर,
अब बता बातें कैसे करूँ।
सिला है मेरा मुँह दुविधा के पक्के धागे से,
मैं बोल नही सकता,
तभी तो लिखता हूँ इतना।
कह लो अंहकारी,
मुझे फर्क नहीं पडता।
लोगों के तानों से बनाये हैं कितने ही गाने,

अब तो इस ताने का भी तराना बन चुका।

ना मैं रूपवान,

ना मैं धनवान,

ना मैं श्रेष्ठ,

ना ही ज्ञानी,

ना मैं विद्वान,

ना ही प्रसिद्ध,

फिर गुरूर कैसा?

मैं दुनिया से दूर,

लगा हूँ खुद में ही रमा।

भुलाकर मेरी कमजोरियाँ,

कर दो मुझे क्षमा।

37.दुनियादारी दुनिया की

जीवन की राहें काँटो से भरी है,

यहाँ मंजिले पाना इतना आसान नहीं।

वो कुछेक रास्तें हैं जरूर,

पर इन आँखों से वे भी धुँधले नजर आते है।

पल-पल कंपन बढ रही है,

क्योंकि सर्दी नही बढी जनाब,

बस हमारी उम्र बढ गई है,

यहाँ कलाकार की पहचान नहीं,

और नकली धाक जमाये बैठे हैं।

ये दुनिया दोगली हो गयी है,

जीने वाले को जीने नही देते,

मरने वाले को मरने नही देते,

और हुई क्या जरा सी चूक हम से,

अब ये ताने देने से न बचते।

सारा जीवन गुजार दिया जिन्होने अय्याशियों में,
अब बुढापे में हर पल ईश्वर का नाम जपते हैं,
क्योंकि वो अब मोक्ष पाना चाहते हैं।
धर्म कमाया नहीं,
अर्थ कमाया पर समेटे रखा,
काम की भूख सारा जीवन रही,
मोक्ष अब बहुत दूर है,
और कब जानोगे यथार्थ
सिद्ध हुआ तुम्हारा पुरूषार्थ।

38.हे ईश्वर ! तेरा आभार

मैं ठहरा अबोध बालक,
ऐ खुदा मैं तेरी योजनाओं को न जान पाया,
मैंने भूल में कह दिया तुझे भी भला बुरा,
मुझे क्या पता था ये खेल है शतरंज का।
तू चुपचाप सहता रहा मेरे ताने,
और लगा रहा मेरी राहो को बनाने,
बस वे राहें घुमावदार थी,
पर वे घूम फिर कर मंजिल से जुड़ी थी।
ना मेरी मन्नतों में कमी थी,
ना तेरी कोशिशो में कमी थी,
बस वो वक्त अड़ गया था,
मुझे कुछ सिखाने के लिए,
वक्त ने बहुत वक्त लिया ,
मंजिल तक पहुँचाने के लिए,

पर मैं इतना सीखा कि
अब मेरे पास अनुभव का भंडार है।
कोई व्यक्ति नहीं सिखाता यहाँ अनुभव
अगर सिखाता है कोई तो वह उसका व्यापार है।

39.असली-नकली

कौन जाने यहाँ किसीको,

अंदाजा लगाना सिर्फ वहम होगा।

जानेगी तभी हमें ये कायनात,

जब खुदा का रहम होगा।

बात चल रही थी महफिल में कलाकारों की,

और फिर बात घूमकर सूरतों पर आ गई।

वाहवाही की सब ने शक्लों की,

पर दिल में किसी के अक्लों की बात न आई।

आखिर क्या बिगाड़ा है उन्होंने तेरा ऐ खुदा,

जो तूने शरीफों को मौका न दिया।

आखिर क्यों नहीं मिलता हकदारों को हक,

हजारों तालीमों से गुजर कर बनाया खुद को बेजोड़,

और तूने उसे एक पल में ढहा दिया।

कलाकारों को होने लगा है अपनी खूबी पर शक,

और तूने शक को असलियत बना दिया।

40.गुमनाम खजाना

बड़े-बड़े पेड़ हैं मेरे आस-पास,
और मैं ठहरा नन्हीं-सी घास-सा।
लोग जाने पेड़ों की कीमत,
लोगों का मुझसे क्या वास्ता।
कौन जाने मुझे इस दुनिया में,
मैं यहाँ अनजान हूँ।
नहीं आती मुझे बातें करनी,
मत समझो कि मैं खुद्दार हूँ।
खुदा ही जानता है कि मैं कैसा हूँ,
वरना लोग तो मुझे ही नहीं जानते,
मेरे बारे में क्या खाक जानेंगे।
आज मैं खाक छानूँगा,
ढूढूंगा उसमें कि क्या मेरा शेष बचा है।
जीवन मेरा रहा खजाने जैसा,

सालों तक दफ्न रहा हूँ तहखाने में,
खजाने के बारे में खुद खजाना जाने,
लोग क्या जाने?
वक्त बहुत बीता खुदा को न सुध आई,
अब वो खजाना कोयला हो चुका है।
मजबूरी तहखाना था,
मैं दफ्न खजाना था,
हमेशा खुद को ही जाना,
दुनिया को कभी न जाना,
तभी तो यह पुराना खजाना,
बनने लगा कोयला रोजाना।

www.ingramcontent.com/pod-product-compliance
Lightning Source LLC
Chambersburg PA
CBHW022131050526
44539CB00044B/1085